Les chiffres à toucher de Balthazar

Marie-Hélène Place
Illustrations
de Caroline Fontaine-Riquier

Hatier
jeunesse

Pour présenter ce livre à l'enfant :
- Lisez ce livre seul une première fois. Exercez-vous à tracer lentement les chiffres dans le sens de la flèche avec l'index et le majeur réunis.
- Puis, choisissez un moment où vous êtes tous les deux disponibles pour le lui présenter.
- Installez-vous confortablement à une table, à la droite de l'enfant.
- Lisez la page de gauche, en mimant les gestes de Balthazar.
- Faites découvrir le chiffre à l'enfant. Pour le 1, par exemple, dites : un.
- Tracez le 1 avec l'index et le majeur réunis, dans le sens de la flèche, tout en prononçant doucement : un.
- Répétez geste et son réunis, lentement.
- Proposez à l'enfant de tracer le chiffre.
- Proposez-lui de répéter geste et son réunis. Il va ainsi percevoir le symbole du chiffre dans toutes ses dimensions sensorielles : tactile, visuelle et auditive.
- Dites : 1 lapin en le comptant avec votre doigt.
- Poursuivez de la même manière sur deux ou trois pages, puis laissez l'enfant découvrir le livre à son rythme.
- Un autre jour, reprenez le livre à son début et rajoutez trois autres chiffres.
- L'enfant aura envie d'être autonome dans son apprentissage : montrez-lui où vous rangez le livre afin qu'il puisse, lorsqu'il en aura envie, le parcourir seul.

« Les chiffres à toucher de Balthazar » est un livre pour découvrir les chiffres avec plaisir, douceur et humour. Il intègre le matériel sensoriel conçu par Maria Montessori.

À Féodora, Nadejda, Orphée, Samson et Sauréa.
Avec amour.
M-H.P.

En hommage à Maria Montessori (1870-1952),
qui consacra brillamment sa vie et sa carrière à l'Enfant.

Éditrice : Claire Cagnat - Conception graphique et réalisation : Raphaël Hadid
© Hatier, 8 rue d'Assas, 75006, Paris 2011. ISBN : 978-2-218-75381-7
Tous droits de reproduction, de traduction et d'adaptation réservés pour tous pays.
Loi n° 49 956 du 16 juillet 1949 sur les publications destinées à la jeunesse.
Dépôt légal : 75381 7 / 09 - Juillet 2019 - Imprimé en Chine par Leo Paper Products LTD. -Level 9, Telford House, 16 Wang Hoi Road, Kowloon Bay, Kowloon, Hong Kong

Balthazar prépare
une potion magique
qui va le rendre fort en calcul...
Que doit-il mettre
dans son chaudron ?

Voici ma main
elle a cinq doigts
en voilà UN

1

lapin

Voici ma main
elle a cinq doigts
en voilà DEUX

2 oeufs

*Voici ma main
elle a cinq doigts
en voilà TROIS*

3 rois

Voici ma main
elle a cinq doigts
en voilà QUATRE

4 cartes

Voici ma main
elle a CINQ doigts
les voilà !

5

ornithorynques

J'ai deux mains
j'ai dix doigts
en voilà SIX

6

souris

J'ai deux mains

j'ai dix doigts

en voilà SEPT

sucettes

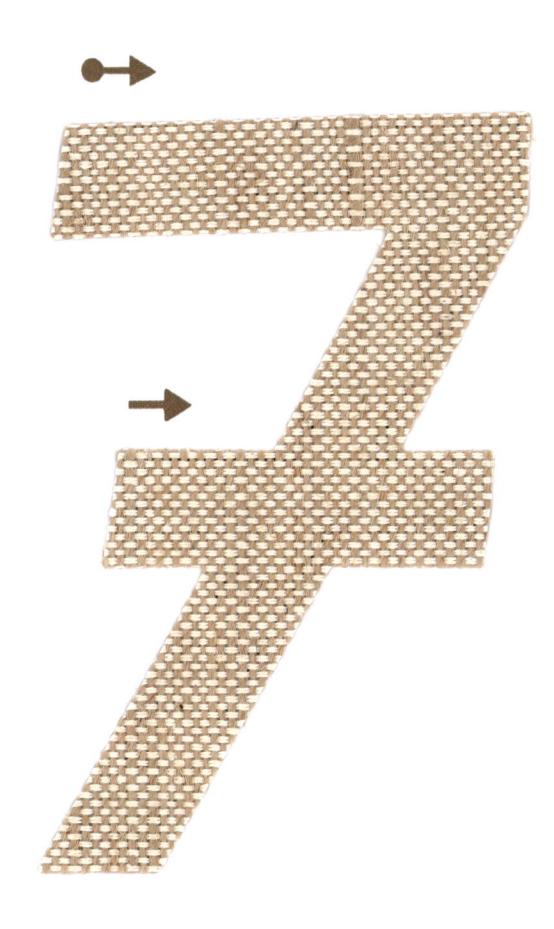

J'ai deux mains

j'ai dix doigts

en voilà HUIT

fourmis

J'ai deux mains
j'ai dix doigts
en voilà NEUF

9

chapeaux neufs

J'ai deux mains
j'ai DIX doigts
les voilà !

10

biscuits

Je les cache
derrière mon dos
il en reste ZÉRO

BRAVO!

Que me faut-il pour ma recette ?

1
2
3
4
5
6
7
8
9
10

Faites mijoter...

et buvez !